Gerollt, geschnitzt oder geformt

sind Tomaten, Lauch, Zitrusfrüchte oder Schokolade eine echte Zierde für Ihre Kreationen aus der Küche.
Ob als Blickfang für kalte Platten oder warme Gerichte, ob für Desserts oder Kuchen – das »Tüpfelchen auf dem i« können Sie im Handumdrehen selber zaubern.

Rote Liebesäpfel

Tomaten sind klassische Dekorationen, die sich vielfältig formen lassen.

Zutaten für Rosen und Sterne:
Reife, aber feste Tomaten von je 50–100 g
Kräuter (Petersilie, Liebstöckel oder Basilikum) oder kleine Salatblätter
Arbeitsgeräte: Sparschäler
mittelgroßes, scharfes Messer

- Tomatenrosen passen mit Kräuterblättchen auf kalte Platten aller Art.
- Tomatensterne sind sowohl als Dekoration als auch zum Füllen geeignet.

!

Tomaten, die Sie zum Dekorieren verwenden möchten, immer gründlich auf Druckstellen überprüfen, denn nur einwandfreie Früchte eignen sich dazu.

Varianten:
Für Eilige: Tomatenspalten. Die Früchte halbieren, vom Stielansatz befreien und in schmale Spalten schneiden. Im Halbkreis oder Kreis anrichten und mit Kräutern garnieren.
Kirschtomaten halbieren. In der Mitte mit Dill, Estragon oder Petersilie bestecken. Die »Tomatenblumen« anrichten.

1

Für die Tomatenrose die Tomate waschen und abtrocknen. Die Schale mit dem Sparschäler oder einem kleinen, scharfen Messer von der oberen Hälfte der Tomate aus (dem Stielansatz gegenüber) spiralförmig etwa 2 cm breit und möglichst dünn abschälen.

2

Dabei die Tomate nicht zu fest drücken, sonst platzt sie. Und vorsichtig arbeiten, damit die Schale wirklich schön lang und gleichmäßig wird.

3

Die Schale mit der Schnittseite nach innen rosettenförmig wieder zusammenrollen und mit Kräuter- oder Salatblättchen anrichten.

4

Für den Tomatenstern die Tomate waschen und abtrocknen. Mit einem kleinen, scharfen Messer in der Mitte einen kleinen Schnitt machen und die Tomate rundherum im Zickzack-Muster einschneiden (Seite 18).

5

Die obere Hälfte abheben und beide Sterne – eventuell mit Kräuterblättchen – anrichten.

6

Nach Wunsch können Sie das Fruchtfleisch mit einem Löffel herauslösen. Die Hälften nach Belieben mit körnigem Frischkäse füllen.

Variationen mit Kresse

Frühlingsfrische Zierden – ob als Sträußchen, Blumen oder in Eierschalen.

Zutaten:
Für die Blumen:
mehrere Zweige Brunnenkresse
Möhren
Radieschen
Für die Kresse-Eier:
3–5 Eier
6–10 Teel. Kressesamen
Watte oder Zellstoff
1 Eierschachtel aus Pappe
Arbeitsgeräte:
Schere
Schneidemesser

- Blumen zieren den Rand von einfarbigen Tellern oder großen Platten mit Käse oder hellem Fleisch
- Kresse-Eier als Dekoration für den Ostertisch oder ein Buffet – in lustigen Eierbechern oder Kerzenhaltern. Wichtig: Kresse-Eier brauchen 1 Woche, bis sie ergrünen!

1

Für die Blumen die Brunnenkresse verlesen, vorsichtig waschen und trockentupfen. Die Eier oder die Möhren schälen und quer in dünne Scheiben schneiden. Die Radieschen waschen und ebenfalls in Scheiben teilen oder ganz lassen.

2

Die Brunnenkresse und die Ei- oder Gemüsescheiben wie ein Blumendekor am Rand von großen Tellern oder Platten auslegen.

3

Für Kresse-Eier die rohen Eier mit einem Messer in der Mitte aufschlagen und in zwei möglichst gleich große Hälften teilen. Die Eierschalen gründlich auswaschen und umgedreht trocknen lassen.

4

Die Eierschalen etwa zu einem Drittel mit Watte oder Zellstoff füllen. Mit jeweils etwa 1 Teelöffel Wasser anfeuchten, dann knapp 1 Teelöffel Kressesamen daraufgeben. Die Samen mit dem Finger gleichmäßig verteilen.

5

Die Eierhälften in die Eierschachtel setzen und an einen hellen Ort stellen. Die Samen ein- bis zweimal täglich mit etwas Wasser anfeuchten.

6

Nach etwa 1 Woche grünt die Kresse, und Sie können sie in Eierbecher oder Kerzenhalter für Teelichter setzen.

Radieschenträume

Hübsche Blüten und zarte Mäuschen zieren die Tafel.

Zutaten für Blüten und Mäuschen:
1–2 Bund feste Radieschen mit frischen Blättern
schwarze Pfefferkörner für die Mäuschen
Eiswürfel
Arbeitsgeräte:
Schälmesser mit gebogener Schnittseite

- Radieschenblüten passen einzeln oder in Büscheln zu kalten Platten aller Art. In Büscheln oder Sträußen sind sie auch ein hübsches Mitbringsel.
- Mäuschen kommen vor allem bei Kindern gut an, zum Beispiel auf dem Geburtstagstisch.

!

Schnell und effektvoll: Gewaschene und geputzte Radieschen in Scheiben, Stifte oder Fächer schneiden. Platten oder belegte Brötchen damit garnieren.

Variante:
Für Radieschen-Glückskäfer die Stiele entfernen und die Wurzel als Fühler vorsichtig teilen. Vom Stielende aus zwei blattförmige Umrisse nach oben schneiden. Dann Flügel aus der roten Schale leicht ablösen. Mit einem spitzen Messer Punkte in die Schale kerben.

1

Für die Blüten die Radieschen waschen und abtrocknen. Die größeren Blätter und die Wurzeln abschneiden.

2

Die Radieschen am oberen Ende mit dem Schälmesser mit kurzen, nicht zu tiefen Schnitten rosettenförmig, sternförmig oder blumig einschneiden.

3

Die Radieschen in eine Schüssel mit Eiswasser legen. Sie quellen dabei auf, und das Muster wird gut sichtbar. Dann die Radieschenblüten gut abtropfen lassen und anrichten.

4

Für die Mäuschen die Radieschen waschen und abtrocknen. Die Wurzeln nicht abschneiden, sie dienen als Schwänzchen. Die Blattstrünke so weit abschneiden, daß 1–2 mm als Schnäuzchen dranbleiben.

5

Am unteren Ende der Radieschen eine dickere Scheiben abschneiden. Die Scheibe halbieren. Oberhalb der Schnäuzchen kleine Einschnitte anbringen und die Scheibenhälften als Ohren hineinstecken. Die Pfefferkörner als Augen in die Radieschen drücken.

Brot und Gemüse in Form

Dekorationen aus Brot, Möhren, roten Beten, Paprikaschoten und Zucchini.

Zutaten:
Brotscheiben (Toastbrot, Schwarz- oder Mischbrot)
eventuell 2–3 Eßl. Sonnenblumenöl
Möhren oder rote Beten
große Zucchini
rote, grüne oder gelbe Paprikaschoten
Arbeitsgeräte: Schälmesser
Ausstechförmchen in verschiedenen Größen
Toaster

- Geröstete, ausgestochene Croûtons als Garnitur für Suppen, zum Beispiel aus Tomaten oder Möhren, aber auch für helle Cremesuppen.
- Formschön geschnittenes Brot für Canapées als Vorspeise oder zum Sektempfang.
- Gemüserauten oder andere Formen für Salate, als Suppeneinlage oder als Garnitur für Fleisch und Fisch.

!

Auch die Reste, die bei diesen Garnierungen anfallen, können Sie verwenden. Brotreste rösten und zu Bröseln zerreiben. Aus den Gemüseresten eine Suppe kochen.

1

Für Croûtons Toastbrot entrinden und mit den Ausstechförmchen in beliebige Formen bringen. Das Öl in einer Pfanne erhitzen und die Brotstücke darin von beiden Seiten goldbraun rösten.

2

Oder die Brotscheiben entrinden, im Toaster rösten und dann ausstechen.

3

Für Canapées die Brote ungeröstet in verschiedene, 4–6 cm große Formen bringen und belegen.

4

Für die Gemüseformen Möhren oder rote Beten waschen und von Wasser bedeckt halbgar kochen. Sie dürfen nicht zu weich werden.

5

Möhren oder rote Beten schälen und in 1–2 cm dicke Scheiben schneiden. Die Scheiben entweder in 2–3 cm breite Streifen und dann in Rauten schneiden oder ausstechen.

6

Zucchini waschen, putzen und der Länge nach in etwa 1 cm dicke Scheiben schneiden. In Rauten schneiden oder ausstechen.

7

Paprikaschoten waschen, vierteln und putzen. Dann in beliebige Formen schneiden.

Bunt gekringelt

Grüne und rote Büschel aus Lauch und Chilischoten.

Zutaten:
dicke Schnittlauchstengel
Frühlingszwiebeln
etwa 2 cm dicke Lauchstangen
rote Chilischoten
Arbeitsgeräte:
1 kleines und 1 großes sehr scharfes Messer

- Schnittlauchornamente passen auf Canapées oder kleine Brötchen.
- Büschel aus Frühlingszwiebeln oder Lauch zieren kalte und warme Platten, sie sind in Schnapsgläschen auch hübsche Tischdekorationen.
- Chiliblüten dekorieren Käseplatten und asiatische Gerichte.

1

Für die Schnittlauchornamente die Stengel mit dem kleinen Messer vom dicken Ende aus in 5–10 cm lange, dünne Bahnen aufschlitzen.

2

Die Bahnen mit den Fingern vorsichtig kringeln und auf die Platten legen. Möglichst erst kurz vor dem Servieren zubereiten, denn Schnittlauch wird schnell schlaff.

3

Für Frühlingszwiebelbüschel die Stangen waschen, putzen, in etwa 5 cm lange Stücke schneiden.

4

Die Stücke von beiden Seiten aus kreuzweise bis fast zur Mitte hin einschneiden, dann nochmals dazwischen teilen.

5

Die Büschel in kaltes Wasser legen, damit sie schön aufgehen.

6

Für Lauchbüschel die äußeren Blätter entfernen. Das Wurzelende flachschneiden, aber nicht ganz abtrennen. Zwei etwa fingerlange Stücke abschneiden.

7

Die Stücke aufrecht auf ein Brett stellen und kreuzweise, mehrmals versetzt, jeweils etwa 2 cm tief einschneiden.

8

Die Büschel einige Minuten in eine Schüssel mit kaltem Wasser legen. Dann die Streifen etwas auseinanderbiegen und in Schnapsgläser stellen.

9

Für Chiliblüten möglichst Gummihandschuhe anziehen oder die Hände danach sehr gründlich waschen! Die Schote waschen und vom Stielansatz bis zur Spitze fein einschneiden. Die Kerne entfernen. Die Schote etwa 2 Stunden in kaltes Wasser legen.

Gemüseschleifen

Geeignet für Möhren, Zucchini, Rettich, Gurken und Lauch.

Zutaten:
1 große Möhre
1 langer weißer oder roter Rettich
1 langer, grüner oder gelber Zucchino
1 dünne Schlangengurke oder
1–2 grüne Lauchblätter
Salz
Eiswürfel
Arbeitsgeräte:
Sparschäler oder Gurkenhobel
dicker Kochlöffel
flacher Kochtopf

- Gelbe Möhren- und grüne Lauchschleifen passen auf warme und kalte Platten mit Fleisch und Fisch oder auf Vorspeisenteller.
- Zucchinirollen zu Risotto oder Omelettes, Rettich- und Gurkenrollen zu Käse- und Wurstplatten.

1

Für alle Formen das Gemüse erst vorbereiten. Möhre und weißen Rettich schälen (roten nur gut abreiben), Zucchino und Gurke waschen und putzen. Das Gemüse der Länge nach mit dem Sparschäler oder Gurkenhobel in dünne Scheiben schneiden.

2

Möhrenscheiben etwa 1 Minute blanchieren, mit einem Schaumlöffel herausheben, kalt abschrecken und abtupfen. Zucchinischeiben nacheinander etwa 1 Sekunde ins kochende Wasser geben, abschrecken und abtupfen.

3

Die Rettichscheiben salzen und kurz ziehen lassen, bis die Scheiben schön biegsam werden.

4

Für einfache oder mehrmals gewundene Schleifen mit dem Messer längs in der Mitte der Streifen einen Schlitz anbringen. Die Enden ein- oder mehrmals durch den Schlitz stecken.

5

Für Rollen den Lauch in etwa 1/2 cm breite Streifen schneiden und kurz in Salzwasser blanchieren, abschrecken und abtupfen.

6

Rettich oder Gurken zu Röllchen formen und jeweils mit 1 Lauchstreifen zusammenbinden.

7

Für eine grüne Schleife den Lauch in 1–3 cm breite Streifen schneiden und ebenfalls blanchieren. Kalt abschrecken und abtropfen lassen. Zu Schleifen legen und in der Mitte mit einem Lauchstreifen zusammenbinden.

Gemüsesträußchen

Jeweils zweifarbig mit Gurken oder Zucchini und Radieschen oder Möhren.

Zutaten:
Für Gurkensträußchen:
1 kleine Gurke von etwa 15 cm Länge
2 kleine Radieschen
Für Gemüsebüschel:
1 dicker Zucchino • 1 Rettich
1 Radieschen • 1 Eßl. Pflanzenöl
1 Eßl. heller Essig • Salz
Arbeitsgeräte: Gurkenhobel
hübsche Gläschen zum Anrichten

- Die Gurkensträußchen passen hervorragend auf Käseplatten.
- Gemüsebüschel zieren große, warme und kalte Platten, sind aber auch Dekoration für Buffets und festliche Tische.

1

Für Gurkensträußchen die Gurke waschen, abtrocknen und in der Mitte einmal quer durchschneiden. Die Gurkenhälften auf ein Brett stellen und mit einem scharfen Messer in Bahnen längs und quer so fein wie möglich nur so tief einschneiden, daß sie unten noch etwa 2 cm hoch zusammenhalten.

2

Die Streifen der Gurkenstücke jeweils vorsichtig auseinanderbiegen. Jeweils ein Radieschen in die Mitte setzen.

3

Für die Gemüsebüschel den Zucchino waschen und vom Stiel- und Blütenansatz befreien. Die Frucht der Länge nach mit dem Gurkenhobel in feine Scheiben teilen. Die Scheiben eventuell nochmals der Länge nach teilen.

4

Den Rettich schälen und ebenso in Scheiben teilen. Die Rettichscheiben salzen und ziehen lassen, bis sie geschmeidig sind, dann gut abtupfen.

5

Die Zucchinischeiben von der grünen Schalenseite aus wie einen Kamm einschneiden, aber nicht ganz durchschneiden. Den Rettich ebenso vorbereiten.

6

Die Radieschen waschen, die zarten Blättchen dranlassen, die übrigen entfernen. Um die Radieschen herum grüne Zucchini- und weiße Rettichstreifen im Wechsel aufrollen. Oder Zucchini- und rote Rettichscheiben abwechselnd aufrollen.

7

Die fertigen Büschel mit Küchengarn oder blanchierten Lauchstreifen zusammenbinden. Oder ungebunden in hübsche Gläser stellen.

8

Die Spitzen der Büschel nach Wunsch mit einer Mischung aus dem Öl, dem Essig und Salz betupfen.

Papiertüten falten

1 Ein Stück Pergamentpapier von 20x20 cm Größe zum Dreieck falten. Den Falz fest andrücken. Eine Ecke zur Spitze nach oben drehen, festhalten.

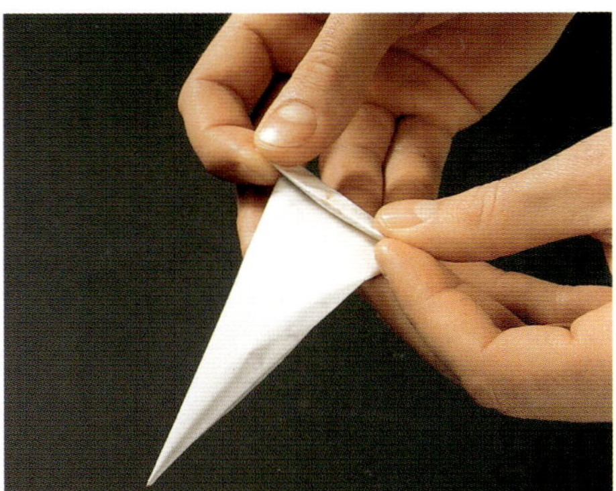

2 Die freie Hälfte so darüber rollen, daß eine Tüte entsteht. Die oberen Spitzen mehrmals nach außen umbiegen. Die untere Tütenspitze erst nach dem Füllen aufschneiden.

Zickzackförmig einschneiden

1 Die Mitte der Frucht mit einem Faden umlegen. Die Linie bei Tomaten mit einem Zahnstocher, bei Melonen mit einem Bleistift markieren.

2 Mit einem Küchenmesser oder einem speziellen Zickzackmesser entlang der Linie im Zickzack bis zur Mitte der Frucht einschneiden. Die obere Hälfte dann abheben.

Kannelieren

1 Das gewünschte Muster mit einem Bleistift auf die Schale zeichnen, dafür eventuell eine Papierschablone verwenden. Oder das Muster mit einer feinen Messerspitze vorritzen.

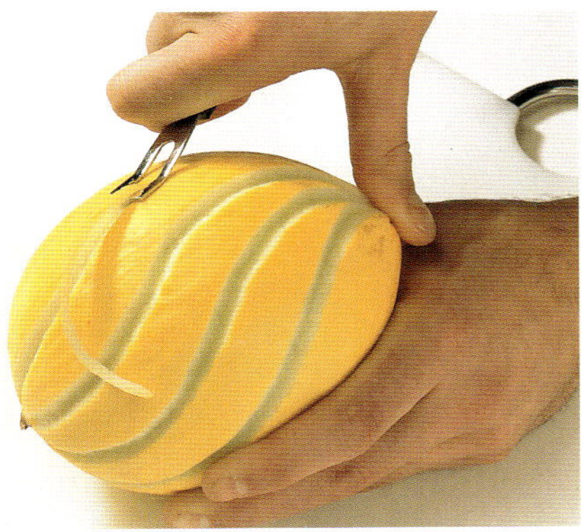

2 Mit dem Kanneliermesser durch festes Andrücken entsprechend der Markierung feine Schalenstreifen ablösen. Am besten vorher üben, zum Beispiel an einer Kartoffel.

Zitrusfrüchte filetieren

1 Von den Früchten oben und unten jeweils eine Kappe abschneiden. Danach die Schale an der Seite in Bahnen so abschneiden, daß das Fruchtfleisch frei liegt.

2 Die Fruchtfilets mit einem scharfen Messer entlang der dünnen Häute aus den Kammern schneiden. Den abtropfenden Saft dabei in einer kleinen Schüssel auffangen.

Kannelieren wie ein Profi

Geeignet für Champignons, Zucchini, Gurken, Radieschen und Zitrusfrüchte.

Zutaten:
Für weiße Knospen:
2–3 Eßl. Zitronensaft oder Essig
etwa 5 DM-Stück-große Champignons
Für rote Knospen:
1 Bund Radieschen
2–3 Zweige großblättrige Petersilie
Für Ornamente auf Grün:
1/2 Salatgurke oder 1 Zucchino
1–2 Eßl. Pflanzenöl
Salz
Für Scheiben mit Zackenrand:
1 Zucchino oder 1 kleine Gurke oder dicke Möhren
1 feste unbehandelte Orange oder Zitrone
Arbeitsgeräte:
Kanneliermesser
scharfes Schneidemesser

- Champignons und Radieschen sind hübsche Dekorationen für Blattsalate.
- Zucchiniornamente dekorieren warme und kalte Platten.
- Orangen- und Zitronenscheiben passen auf cremige Desserts ebenso gut wie auf Platten mit dunklem Fleisch, zum Beispiel Wild oder Rind.

1

Für weiße Knospen eine kleine Schüssel mit Wasser füllen. Den Zitronensaft oder Essig untermischen. Die Pilze waschen und gut abtrocknen. Von der Kappenmitte aus mit einem Kanneliermesser sternförmig das Muster einkerben. Die Pilze ins gesäuerte Wasser legen, damit sie sich nicht verfärben.

2

Für rote Knospen die Radieschen putzen, waschen und kannelieren.

3

Gurke oder Zucchino zum Kannelieren waschen und in etwa 5 cm lange Stücke schneiden. Die Stücke der Länge nach vierteln und jeweils ein Muster in die Schale kerben. Für warme Gerichte die Zucchinistücke im Öl bei mittlerer Hitze 1–2 Minuten dünsten und salzen.

4

Für Scheiben mit Zackenrand Gurke oder Zucchino waschen und abtrocknen, Möhre schälen. Mit dem Kanneliermesser der Länge nach rundherum abwechselnd eine etwa 2 mm breite Bahn einkerben und eine frei lassen. Die Früchte dann in Scheiben schneiden.

5

Für gezackte Orangen- oder Zitronenscheiben die Früchte gründlich heiß waschen und abtrocknen. Mit dem Kanneliermesser Bahnen einritzen (Seite 19). Früchte in Scheiben schneiden. Flach oder gedreht anrichten.

Melonenvielfalt

Ob als Kugeln, Schiffchen oder Körbe – Melonen sind immer hübsch.

Zutaten:
Für Kugeln: 1 Ogenmelone
Für Schiffchen: 1 längliche Honigmelone
Für Körbe: 1 runde Gallia-, Netz-, Ogen- oder kleine Wassermelone
Arbeitsgeräte: Kugelbohrer • Messer

- Melonenkugeln dekorieren Cremedesserts und Furchtsalat, besonders hübsch mit Minze- oder Melisseblättchen.
- Melonenschiffchen passen zu Schinkenplatten oder zartem Fleisch, aber auch zu Käse.
- Melonenkörbe sind dekorative Behälter für Fruchtsalate, Eis oder Bowlen.

!

Wer möchte, kann die Schalen der Melonen für die Körbe vor dem Zerteilen kannelieren (Seite 19).

1

Für Melonenkugeln die Frucht mit einem großen Messer quer halbieren. Die Kerne und das faserige innere Fruchtfleisch mit einem Eßlöffel entfernen. Dann mit dem Kugelbohrer Kugeln herauslösen.

2

Aus dem übrigen Fruchtfleisch können Sie Obstsalat, ein Fruchtpüree oder Saft zubereiten.

3

Für Schiffchen eine ovale Honigmelone mit einem langen Messer längs halbieren. Die Kerne mit einem Löffel gründlich herausschaben. Die Melonenhälften zuerst in Viertel, dann in schmale Spalten schneiden.

4

Das Fruchtfleisch mit einem biegsamen Messer entlang der Schalen abschneiden. Die Stücke quer in 2–3 cm breite Streifen schneiden und versetzt auf den Schalen anrichten.

5

Für Körbe die Melone oben und unten etwas abflachen, damit die Körbe später einen guten Stand haben.

6

Die Melone in der Mitte mit einem Faden umlegen und die Linie mit einem Bleistift markieren (Seite 18). An dieser Linie die Melone im Zickzackmuster bis zur Mitte einschneiden.

7

Die Fruchthälften auseinandernehmen und jeweils von den Kernen und dem faserigem Fleisch befreien. Die Hälften mit Eis oder Fruchtsalat füllen. Oder die Früchte noch etwas mehr aushöhlen und Wein oder Bowle hineingießen.

Verführerische Schokozierden

Locken, Röllchen, Späne, Blätter und mit Schokolade überzogene Früchte.

Zutaten:
200 g Blockschokolade oder Zartbitterschokolade und 50 g Palmkernfett oder
200 g Kuvertüre,
100 g weiße Schokolade und 25 g Palmkernfett
Für Schokofrüchte:
Kandierte oder frische Früchte (Kirschen, Erdbeeren, Weintrauben oder Johannisbeeren)
Arbeitsgeräte:
Topf und Schüssel für das Wasserbad
Palette oder Spatel
Marmorplatte oder -brett
Sparschäler • Rosenblätter • Alufolie
Zahnstocher
eventuell Papiertütchen (Seite 18)

- Schokolocken oder -röllchen passen auf Dessertcremes, Eis oder Torten.
- Kleine Schokospäne zieren Pralinen und Plätzchen.
- Schokoblätter garnieren Desserts und Kuchen.
- Schokofrüchte sind sowohl Garnitur als auch beliebte Naschereien.

1

Die Schokolade grob zerkleinern, mit dem Palmkernfett (es verhindert Klümpchenbildung und macht die Schokolade schön geschmeidig) in eine Schüssel geben und im heißen Wasserbad unter gelegentlichem Rühren schmelzen lassen. Entweder mit dem Thermometer prüfen, daß sie nicht mehr als 40° erreicht, oder mit dem Finger die Probe machen. Sie darf nur warm, aber nicht heiß werden.

2

Für Locken, Röllchen und Späne die Schokolade auf die Marmorplatte oder das Marmorbrett gießen und erstarren lassen. Nicht in den Kühlschrank stellen.

3

Mit der Palette oder dem Spatel Locken oder Röllchen abschneiden. Dann nochmals kurz ruhen lassen. Schokospäne mit einem Messer ablösen.

4

Für Schokoblätter Rosenblätter waschen und abtrocknen. Die Blättchen auf einer Seite mit der Schokolade bepinseln, abkühlen und trocknen lassen. Die Blättchen vorsichtig ablösen.

5

Für Schokofrüchte frische Früchte waschen und gut abtrocknen. Die Früchte auf Zahnstocher stecken oder am Stiel in die Schokolade tauchen. Gut abtropfen und auf Alufolie trocknen lassen.

Zaubereien mit Zitrus

Zesten, Scheiben und Filets aus Orangen, Zitronen und Limetten.

Zutaten:
unbehandelte Orangen, Zitronen oder Limetten
3 Eßl. Zucker
Arbeitsgeräte:
Zestenreißer
1 mittelgroßes und 1 kleines Messer

- Zesten passen auf Desserts und Torten, aber auch zu Fisch, zum Beispiel mit einer feinen Sauce.
- Scheiben – eventuell gedreht – schmücken Sahnetorten, Cremedesserts und Salate ebenso wie Wild- und andere Fleischgerichte.
- Filets passen zu fast allen Fleisch- und Fischgerichten, aber auch zu Desserts, Kuchen und Torten. Hübsche Ergänzung: Melisseblättchen.

!

Für Zesten müssen die Zitrusfrüchte sehr frisch sein, sonst lösen sich die Streifen nicht gut von der Schale.

1

Für Zesten die Früchte waschen und abtrocknen. Mit dem Zestenreißer vom Stengelansatz zur Mitte hin mit festem Druck die Schale ablösen.

2

Nach Wunsch die frisch abgetrennten Zesten im Zucker wälzen. Den Zucker antrocknen (verkrusten) lassen.

3

Für Scheiben die Früchte so gründlich schälen, daß auch die weiße Haut entfernt wird (Seite 19). Die Frucht auf einem Brett quer in Scheiben schneiden.

4

Für gedrehte Scheiben die Frucht nicht schälen. Etwa 1/2 cm dicke Scheiben abschneiden. An einer Stelle bis zur Mitte hin einschneiden und gedreht anrichten.

5

Zum Filetieren die Orange oder Zitrone (Limetten sind dafür zu klein) an beiden Enden kappen. Dann die Schale so gut abschneiden, daß das Fruchtfleisch ganz freiliegt (Seite 19).

6

Mit dem kleinen Messer die Filets aus den Kammern lösen (Seite 19). Die Filets in Form eines Fächers oder Sterns auf Tellern oder direkt auf den Speisen anordnen. Zu würzigen Speisen passen auch kleine, dunkelgrüne Salatblätter.

Marzipanfigürchen

Lustige Schweinchen als Glücksbringer, Ausstecher für Torten und Kuchen.

Zutaten:
200 g Marzipan-Rohmasse
etwa 250 g Puderzucker
rote Speisefarbe
etwa 5 abgezogene Mandeln
eventuell 50 g Mandelstifte und
1–2 Teel. Kakaopulver oder Zartbitterschokolade und Zuckerperlen
Arbeitsgeräte: Wellholz
Stricknadel oder Zahnstocher
Ausstechförmchen

- Glücksschweinchen sind hübsche Mitbringsel oder – etwas kleiner geformt – nette Dekorationen für den Tisch.
- Ausstechfiguren zieren die Oberfläche von Torten und Kuchen, aber auch von Kleingebäck.

Variante:
Wer ein Stachelschwein herstellen möchte, steckt die Mandelstifte in den Körper des Marzipanschweinchens und bestäubt das fertige Schwein mit Kakaopulver.

1

Die Marzipan-Rohmasse mit 150–200 g Puderzucker gründlich verkneten. Es soll eine formbare, nicht zu feuchte Masse entstehen.

2

Für Marzipanschweinchen das Marzipan in einer Schüssel mit 3–6 Tropfen roter Speisefarbe rosa einfärben.

3

Den Körper entweder aus einem länglichen, ovalen Stück im Ganzen formen oder die Schnauze extra formen und dann an den Rumpf drücken. Die Mandeln halbieren und die Hälften als Füße und auch als Ohren in das Marzipan stecken. Die Schnauze mit der Stricknadel oder Zahnstochern zweimal einstechen.

4

Für ausgestochene Figürchen das Marzipan auf Puderzucker etwa 1 1/2 cm dick ausrollen. Die Förmchen in Puderzucker tauchen und das Marzipan ausstechen. Nach Wunsch mit Perlen, geschmolzener Zartbitterschokolade und vielem mehr verzieren.

Malkunst mit Saucen

Fruchtige Saucen, dekorativ auf Tellern angerichtet, passen zu vielen Desserts.

Zutaten:
1 Dose Mangos, Aprikosen oder Pfirsiche (etwa 425 g)
300 g Himbeeren, Erdbeeren oder Heidelbeeren (frisch oder tiefgefroren)
1–2 Eßl. Zitronensaft
125 g Crème fraîche
etwa 2 Eßl. Puderzucker
Arbeitsgeräte:
Mixer oder Pürierstab • Sieb
Saucenschöpflöffel • Holzspieß
2 Milchgießer oder Saftkännchen

- Kalte Fruchtsaucen passen hervorragend zu Eis, Puddings und Gelees.
- Warme Saucen aus Aprikosen und aus Beeren schmecken zu süßen Aufläufen sehr gut.

1

Für die kalte Fruchtsauce die gelben Früchte aus der Dose samt Saft oder die Beeren im Mixer fein pürieren, mit dem Zitronensaft abschmecken.

2

Für die zweite Sauce die Crème fraîche mit 1 Eßlöffel Puderzucker glattrühren.

3

Die gelbe oder rote Sauce in die Mitte der Dessertteller gießen. Mit einem Teelöffel von der weißen Sauce markstückgroße Kleckse, jeweils mit etwa 1 cm Abstand, auf die gelbe oder rote Sauce setzen. Mit dem Holzspieß durch die Kleckse jeweils eine Bahn nach außen ziehen, so daß Herzen entstehen.

4

Für eine warme Sauce die Beeren in einem Topf nur leicht erwärmen, dann durch ein feines Sieb passieren. Die Sauce mit dem übrigen Puderzucker süßen.

5

Die gelben Früchte aus der Dose samt Saft pürieren, mit dem Zitronensaft abschmecken und erwärmen.

6

Die Fruchtsaucen in Klecksen farblich abwechselnd auf Teller gießen. Mit einem Löffel marmorieren, das heißt, von einer Sauce in die andere fahren, bis die Saucen etwas ineinanderlaufen.

7

Ebenfalls hübsch: Ein Regenbogenmuster aus allen drei Saucen – alle kalt. Dafür die gelbe und die weiße Sauce wie beschrieben zubereiten. Die Beeren eventuell auftauen lassen, durch ein Sieb streichen und süßen.

8

Zwei Saucen in Kännchen füllen. Von der dritten Sauce mit dem Schöpflöffel einen Kreis in die Tellermitte gießen. Aus den übrigen Saucen rundherum schmale Streifen gießen. Eventuell mit einem Spieß von der Mitte nach außen Bahnen ziehen.

Farbig – süße Glasuren

Für Kuchen, Petit fours, Kleingebäck und bunte Plätzchen.

Zutaten:
250–300 g Puderzucker
1–2 Eßl. Zitronensaft
Für rosa Glasuren:
1–2 Eßl. Rote-Bete-Saft
Für bunte Glasuren:
Lebensmittelfarben
Für Torten und Petit fours:
1/2 Glas Aprikosenkonfitüre
Arbeitsgeräte: großes Messer
4 Tassen • Stricknadel oder Holzspieß
Pergamentpapier

- Petit fours sehen mit rosa Glasuren und weißen Ornamenten hübsch aus.
- Bunte Glasuren zieren einfache Butterplätzchen.

Variante:
Eine große Torte sieht hübsch aus mit einer schwarz-weißen Giraffenglasur. Die Torte mit Konfitüre bestreichen, trocknen lassen. Die Puderzuckerglasur zubereiten und 100 g dunkle Kuvertüre schmelzen. Die weiße Glasur auf die Torte geben, herunterlaufen lassen. Die Kuvertüre von der Mitte aus mit einem Papiertütchen spiralförmig aufspritzen. Mit einer Stricknadel Bahnen nach außen ziehen.

1

Für alle Glasuren 250 g Puderzucker mit dem Zitronensaft und 4–6 Eßlöffeln Wasser dickflüssig anrühren.

2

Für die rosa Glasur die Masse wie beschrieben anrühren. 2 Eßlöffel davon in ein Papiertütchen (Seite 18) füllen. Die restliche Glasur mit dem Rote-Bete-Saft einfärben. Eventuell mehr Puderzucker untermischen.

3

Die Petit fours mit der rosa Glasur überziehen. Etwa 10 Minuten antrocknen lassen. Dann beliebige Ornamente mit der weißen Glasur aufspritzen.

4

Für die Plätzchen die angerührte Glasur in den 4 Tassen verteilen und jeweils mit 2–4 Tropfen Lebensmittelfarbe einfärben. Mit einem Messer aufstreichen.

Das Handwerkszeug zum Garnieren

Exaktheit und Gleichmäßigkeit sind für die Vorbereitung schöner Garnituren besonders wichtig. Gutes Werkzeug erleichtert Ihnen das Arbeiten. Wählen Sie lieber etwas teurere, stabile Stücke, die sich durch lange Haltbarkeit bezahlt machen.

Hierzu die wichtigsten Hilfen:

• Alle Schneidemesser (1), ob groß oder klein, müssen wirklich scharfe Klingen haben. Messergrößen können Sie selbst wählen, je mehr verschiedene Sie besitzen, desto vielfältiger und leichter können Sie damit arbeiten.

• Kleine Küchenmesser mit gebogener Klinge heißen Schälmesser (2) und eignen sich auch zum Schneiden oder Ritzen, wenn Sie die Stücke in der Hand halten.

• Den Spargelschäler oder Sparschäler (3) brauchen Sie nicht nur zum gleichmäßigen Abschälen, sondern auch, um Streifen oder Locken von schmalen, festen Gemüsestücken zu lösen.

• Zu gleichmäßig dünnen Scheiben verhilft ein Gurkenhobel.

• Schneidebretter sollten nie zu klein sein. Am besten eignen sich Holzbretter, die stets gut gepflegt werden müssen. Das heißt: nach jedem Gebrauch sofort reinigen, mit kaltem Wasser nachspülen und an der Luft gut trocknen lassen.

• Kugelbohrer oder Kugelausstecher (4) gibt es in drei Größen. Kleinste Kugeln aus hartem Gemüse werden für Suppeneinlagen genommen. Für Früchte, vor allem Melonen, und weiches Gemüse sind die nächsten Größen gedacht.

• Ein Zestenreißer oder Fadenschneider (5) hat exakte, kleine Löcher mit Schneidekanten, um feinste Schalenstreifen von Zitrusfrüchten zu lösen.

• Ein Kanneliermesser (Seite 19) hat an der Spitze einen kleinen Haken, um Schalenstreifen dekorativ von Zucchini, Gurken oder Möhren zu lösen. Sie können also das Gemüse so einkerben, daß außen ein Muster entsteht oder die anschließend geschnittenen Scheiben wie Blumen aussehen.

• Eßbesteck wie Messer zum Streichen, Gabeln zum Musterziehen sowie Eßlöffel und Teelöffel wie auch Ausstechformen sollten aus Edelstahl sein.

• Schüsseln aus Edelstahl sind besonders praktisch für Küchenarbeiten, am besten in verschiedenen Größen. Porzellanschüsseln und Tassen sind für kleine Mengen oft hilfreich.

• Saucen lassen sich mit einer Saucenkelle, aber auch mit einem kleinen Milchgießer oder Saftkännchen leicht auf die Teller gießen.

• Wenn Sie keine spezielle Küchenschere (6) haben, hilft auch eine aus dem Nähkasten. Küchengarn ist Zwirn oder festem Faden allerdings vorzuziehen.

• In der modernen Küche stehen elektrische Geräte zur Verfügung. Rührgerät, Pürierstab, Mixer und Toaster erfreuen sich größter Beliebtheit.

• Wenn Sie gerne als »Konditor« arbeiten, sollten Sie auch eine Palette und einen Spatel (7) besitzen, sowie eine Marmorplatte und einen Eisportionierer (8) mit dem Sie exakte, formschöne Kugeln ablösen können.